Detectives de materiales: Agua

Miremos un charco

Angela Royston

Heinemann Library
Chicago, Illinois

Customer Service   888-454-2279

Visit our website at www.heinemannlibrary.com

Printed and bound in China by South China Printing Company Limited
Translation into Spanish produced by DoubleO Publishing Services
Photo research by Erica Newbery

10 09 08 07 06
10 9 8 7 6 5 4 3 2 1

Library of Congress Cataloging-in-Publication Data
Royston, Angela.
  Água : miremos un charco / Angela Royston.
     p. cm. --   (Detectives de materiales)
  ISBN 1-4034-7548-2 (hb - library binding) -- ISBN 1-4034-7557-1 (pb)
  1. Ponds--Juvenile literature. 2. Water--Juvenile literature. I. Title.
  GB1803.8.R69 2005
  553.7--dc22

                                    2005032159

Acknowledgments
The author and publishers are grateful to the following for permission to reproduce copyright material: Alamy pp. **22** left, **24** top; Creatas pp. **20**, **23** (solid); David Muench/Corbis p. **10**; Getty Images/Photodisc pp. **19**, **23** (float); Ivan J Belcher/Worldwide Picture Library/Alamy pp. **22** right, **24** bottom; Lesley Pardoe/PBPA (Paul Beard Photo Library) p. **18**; National Geographic/Getty pp. **4**, **23** (dip); Photodisc p. **16**; Picture Plain/Photolibrary pp. **15**, **23** (disappear); Rebecca Emery/Corbis p. **5**; Sarah Chappelow pp. **21**, **23** (melts); Satushek Steve/Photolibrary p. **9**; Star/Zefa p. **14**; stock4b/Felbert + Eickenberg/zefa p. **13**; Tudor Photography/Harcourt Education Ltd pp. **6**, **7**, **8**, **11**, **12**, **17**, **23** (liquid).
Cover photograph of puddles reproduced with permission of Comstock Images/Getty Images.

Many thanks to the teachers, library media specialists, reading instructors, and educational consultants who have helped develop the Read and Learn/Lee y aprende brand.

Algunas de las palabras aparecen en negrita, **como éstas**. Aparecen en el glosario en la página 23.

Contenido

¿Qué es un charco?

Un charco es una pequeña cantidad de agua acumulada.

Un charco se forma en una **hondonada** en el terreno.

Algunos charcos son más profundos
que otros.

¿Qué es el agua?

El agua es un **líquido**.

Los líquidos son húmedos y se deslizan.

agua

leche

plátano

galletita

¿Cuáles de estas cosas son líquidos?

La leche y el agua son **líquidos**.

Ambos son húmedos y se deslizan.

El agua cae desde el cielo en forma de lluvia.

Forma charcos en el suelo.

¿Qué forma tienen los charcos?

Los charcos tienen distintas formas y tamaños.

El agua se desliza por todas partes.

Eso significa que los charcos pueden tener distintas formas.

¿Pueden los charcos cambiar de tamaño?

Puedes hacer que un charco crezca de tamaño agregándole más agua.

¿Qué ocurre con un charco cuando le pega el sol?

Un charco se achica cuando le pega el sol.

El sol hace que el agua se seque.

Si el sol le pega por mucho
tiempo, el charco **desaparecerá**.

¿Cómo puedes salpicar?

Cuando saltas en un charco, salpicas.

piedra

ladrillo

hoja

rama

Si tiraras estas cosas en un charco grande, ¿cuáles salpicarían?

La piedra y el ladrillo salpicarían
porque son pesados.

Algunas cosas **flotan** en el agua.

La hoja y la rama flotarían en el charco.

¿Cuándo se congela un charco?

Un charco se congela cuando hace mucho frío.

El hielo es agua **sólida.**

Cuando el hielo se **derrite**, se convierte nuevamente en agua.

Prueba breve

¿Cuál de estos charcos se hará más grande?

¿Cuál de estos charcos se hará más chico?

Busca las respuestas en la página 24.

Glosario

hondonada
pozo o hueco poco profundo

desaparecer
que no se puede ver más

flotar
que no se hunde

líquido
algo húmedo que puedes verter

derretir
al calentarse pasa de sólido a líquido

sólido
algo que mantiene su forma por sí mismo

Índice

Respuesta a la prueba breve de la página 22

El charco bajo la lluvia se hará más grande porque más agua está cayendo en él.

El charco bajo el sol se hará más pequeño porque el sol secará el agua.

Nota a padres y maestros

Leer para informarse es parte importante del desarrollo de la lectura en el niño. El aprendizaje comienza con una pregunta sobre algo. Ayuden a los niños a pensar que son investigadores y anímenlos a hacer preguntas sobre el mundo que los rodea. Cada capítulo en este libro comienza con una pregunta. Lean juntos la pregunta. Fíjense en las imágenes. Hablen sobre cuál piensan que puede ser la respuesta. Después lean el texto para averiguar si sus predicciones fueron correctas. Piensen en otras preguntas que podrían hacer sobre el tema y comenten dónde podrían buscar las respuestas. Ayuden a los niños a utilizar el glosario ilustrado y el índice para practicar un nuevo vocabulario y destrezas de investigación.